# LE LIBRAIRE AV LECTEVR.

L E respect que l'on doit à l'illustre nom qui est à la teste de ce Livre, & la consideration que l'on doit avoir pour les éminentes personnes qui sont descendues de ceux qui l'ont porté, m'oblige de dire, pour ne

pas manquer envers les vns
ni les autres en donnant cette hiſtoire au public, qu'elle
n'a eſté tirée d'aucun Manu-
ſcrit qui nous ſoit demeuré
du temps des perſonnes dont
elle parle. L'Autheur ayant
voulu pour ſon divertiſſe-
ment eſcrire des avantures
inventées à plaiſir, à jugé
plus à propos de prendre des
noms connus dans nos Hi-
-ſtoires, que de ſe ſervir de
-ceux que l'on trouve dans
-les Romans, croiant bien
que la reputation de Madame de Monpenſier ne ſeroit
pas bleſſée par vn recit effe-

Ctivement fabuleux. S'il n'est pas de ce sentiment, j'y supplée par cet Avertissement: qui sera aussi avantageux à l'Autheur, que respectueux pour moy envers les Morts qui y sont interessez, & envers les Vivans qui pourroient y prendre part.

# PRIVILEGE DV ROY

LOVIS PAR LA GRACE DE DIEV ROY DE FRANCE ET DE NAVARRE. A nos amez & feaux Confeillers les gens tenans nos Cours de Parlement, Maiftres des Requeftes ordinaires de noftre Hoftel, Baillifs, Senefchaux, Preuofts, leurs Lieutenans, & à tous autres nos Iufticiers & Officiers qu'il appartiendra : Salut. Noftre amé AVGVSTIN COVRBE', Marchand Libraire de noftre bonne Ville de Paris, Nous a fait remonftrer qu'il auroit recouvert vn Livre, intitulé *La Princeffe de Monpenfier*, lequel il defireroit faire imprimer ; mais craignant que quelque Libraire, ou autres envieux de fon travail, ne vouluffent luy contrefaire, & l'imprimer, tant fur fa copie que fur d'autre ; il nous a tres-humblement fupplié de luy accorder pour ce nos Lettres de permiffion & Privilege A GES CAVSES, voulant favorablement traiter l'Expofant ; Nous luy avons permis & permettons d'imprimer, ou faire imprimer ledit Livre en tel volume qu'il iugera bon eftre durant l'efpace de fept années, à compter du jour qu'il fera achevé d'eftre imprimé pour la premiere fois : Faifant tres-expreffes deffences à toutes perfonnes de quelque qualité & condition qu'elles foient, de l'imprimer, vendre ny diftribuer, fous pretexte de correction, changement de titre, ou autrement, en quelque forte & maniere que ce foit, mefme d'en apporter, vendre & diftribuer de ceux qui pourroient eftre contrefaits és païs eftrangers, à peine de confifcation des Exemplaires contre-faits, de tous dé-

pens , dommages & interefts , & de quin-
cens livres d'amande , applicable à l'Hofpital Ge-
neral de noftre bonne Ville de Paris ; à condition
qu'il fera mis deux exemplaires dudit Livre dans
noftre Bibliotheque publique , vn dans noftre
Cabinet , & vn en celle de noftre tres . cher
& feal Chevalier , Comte de Gyen , Chancel-
lier de France , le Sieur Seguier , avant que l'expofer en vente à peine de nullité des prefentes ; du
contenu defquels , Nous voulons & vous mandons que vous fassiez iouyr dans tous les lieux de
noftre obeyssance ledit C O V R B E' , ou ceux
qui auront droict de luy , fans fouffrir qu'il leur
foit donné aucun empefchement ; & qu'en mettant au commencement ou à la fin dudit Livre vn
extraict des prefentes , elles foient tenuës pour
bien & deuëment fignifiées : Mandons au premier
noftre Huiffier ou Sergent fur ce requis , faire
tous exploicts neceffaires , fans demander autre
permiffion : C A R tel eft noftre plaifir , nonobftant oppofitions ou appellations quelconques :
& fans preiudice d'icelles , defquelles Nous Nous
refervons la connoiffance , & à noftre Confeil,
nonobftant clameur de Harro , Chartre Nor-
mande , & autres Lettres à ce contraires. Don-
N E' à Saint Germain , le vingt-feptiéme jour de
Iuillet , l'an de Grace mil fix cens foixante-deux:
Et de noftre Regne le vingtiéme . Par le
Roy en fon Confeil.


Signé ,          I V S T E L.


Et ledit C O V R B E' a cedé & tranfporté fon
droit de Privilege à T H O M A S I O L L Y &
L O V I S B I L L A I N E , Marchands Libraires
à Paris , pour en jouyr le temps porté par icc-
luy.

Et ledit IOLLY & BILLAINE ont affocié avec eux CHARLES DE SERCY, auffi Marchand Libraire à Paris.

Regiftré fur le Livre de Communauté le 19. Aouft 1662. fuivant l'Arreft du Parlemens du 3. Avril 1653.

Les Exemplaires ont efté fournis.

Achevé d'Imprimer le 20. Aouft 1662.

# LA
# PRINCESSE
## DE
# MONPENSIER.

# LA
# PRINCESSE
## DE
# MONPENSIER.

Endant que la
Guerre Civile dé-
chiroit la France
fous le regne de Charles
IX. l'Amour ne laiffoit
pas de trouver fa place
parmi tant de defordres,
& d'en caufer beaucoup
dans fon Empire. La fille
vnique du Marquis de

A

Meziere , Heritiere tres-
considerable , & par ses
grands biens, & par l'illustre Maison d'Anjou dont
elle estoit descenduë , e-
stoit promise au Duc du
Maine, cadet du Duc de
Guise , que l'on a depuis
appellé le Balafré. L'ex-
tréme jeunesse de cette
grande Heritiere retar-
doit son mariage. Et ce-
pendant le Duc de Guise
qui la voioit souvent , &
qui voioit en elle les commencemens d'vne grande
beauté , en devint amou-
reux, & en fut aimé. Ils

cacherent leur amour a-
vec beaucoup de foin. Le
Duc de Guife qui n'avoit
pas encore autant d'am-
bition qu'il en a eu de-
puis, fouhaïttoit ardem-
ment de l'époufer : mais
la crainte du Cardinal de
Lorraine, qui luy tenoit
lieu de pere, l'empéchoit
de fe declarer. Les chofes
eftoient en cet eftat, lorf-
que la Maifon de Bour-
bon, qui ne pouvoit voir
qu'avec envie l'élevation
de celle de Guife, s'aper-
cevant de l'avátage qu'elle recevroit de ce maria-

ge, se resolut de le luy
oster, & d'en profiter elle-
mesme, en faisant épou-
ser cette Heritiere au jeune Prince de Monpensier.
On travailla à l'execution
de ce dessein avec tant de
succez, que les parens de
Mademoiselle de Mezie-
re, contre les promesses
qu'ils avoient faites au
Cardinal de Lorraine, se
resolurent de la donner
en mariage à ce jeune
Prince. Toute la Maison
de Guise fut extréme-
ment surprise de ce pro-
cedé : mais le Duc en fut

accablé de douleur ; & l'interest de son amour luy fit recevoir ce manquement de parole comme vn affront insupportable. Son ressentiment éclata bientost, malgré les reprimendes du Cardinal de Lorraine & du Duc d'Aumale ses oncles, qui ne vouloient pas s'opiniastrer à vne chose qu'ils voioient ne pouvoir empécher : & il s'emporta avec tant de violence, en presence mesme du jeune Prince de Monpensier, qu'il en nâquit entre eux

vne haine qui ne finît
qu'avec leur vie. Made-
moiſelle de Meziere tour-
mentée par ſes parens d'é-
pouſer ce Prince, voiant
d'ailleurs qu'elle ne pouvoit épouſer le Duc de
Guiſe, & connoiſſant par
ſa vertu qu'il eſtoit dangereux d'avoir pour Beau-
frere vn homme qu'elle
euſt ſouhaitté pour Mari,
ſe reſolut enfin de ſuivre
le ſentiment de ſes pro-
ches, & conjura Mon-
ſieur de Guiſe de ne plus
apporter d'obſtacle à ſon
mariage. Elle épouſa donc

le Prince de Monpensier,
qui peu de temps apres
l'ammena à Champigni,
sejour ordinaire des Princes de sa Maison, pour
l'oster de Paris, où appa-
remment tout l'effort de
la Guerre alloit tomber.
Cette grande Ville estoit
menacée d'vn siege par
l'Armée des Huguenots,
dont le Prince de Condé
estoit le Chef, & qui ve-
noit de declarer la Guerre
au Roy pour la seconde
fois. Le Prince de Mon-
pensier dans sa plus ten-
dre jeunesse avoit fait vne

amitié tres-particuliere
avec le Comte de Chaba-
nes, qui estoit vn homme
d'vn âge beaucoup plus
avancé que luy, & d'vn
merite extraordinaire. Ce
Comte avoit esté si sensi-
ble à l'estime & à la confiance de ce jeune Prince,
que contre les engage-
mens qu'il avoit avec le
Prince de Condé, qui luy
faisoit esperer des em-
plois considerables dans
le Parti des Huguenots,
il se declara pour les Ca-
tholiques, ne pouvant se
resoudre à estre opposé en

quelque choſe à vn hom-
me qui luy eſtoit ſi cher.
Ce changement de Parti
n'ayant point d'autre fondement, l'on douta qu'il
fuſt veritable; & la Reine
Mere , Catherine de Me-
dicis, en eut de ſi grands
ſoupçons , que la guerre
eſtant declarée par les
Huguenots, elle eut deſ-
ſein de le faire arreſter:
mais le Prince de Mon-
penſier l'en empeſcha, &
ammena Chabanes à Chá-
pignien s'y en allant avec
ſa femme. Le Comte
ayant l'eſprit fort doux

& fort agreable, gaigna
bientost l'estime de la
Princesse de Monpensier,
& en peu de temps elle
n'eut pas moins de con-
fiance & d'amitié pour luy
qu'en avoit le Prince son
Mari. Chabanes de son
costé regardoit avec ad-
miration tant de beauté,
d'esprit , & de vertu qui
paroissoient en cette jeune Princesse : & se servant
de l'amitié qu'elle luy té-
moignoit, pour luy inspi-
rer des sentimens d'vne
vertu extraordinaire , &
digne de la grandeur de sa

naiſſance, il la rendit en
peu de temps vne des per-
ſonnes du monde la plus
achevée. Le Prince eſtant
revenu à la Cour, où la
continuation de la guerre
l'appelloit, le Comte de-
meura ſeul avec la Prin-
ceſſe, & continua d'avoir
pour elle vn reſpect & vne
amitié proportionnée à ſa
qualité & à ſon merite.
La confiance s'augmenta
de part & d'autre, & à tel
point du coſté de la Princeſſe de Monpenſier,
qu'elle luy appriſt l'inclination qu'elle avoit euë

pour Monsieur de Guise;
mais elle luy apprit aussi
en mesme temps, qu'elle
estoit presque éteinte, &
qu'il ne luy en restoit que
ce qui estoit necessaire
pour defendre l'entrée de
son cœur à vne autre inclination; & que la vertu se
joignant à ce reste d'im-
pression, elle n'estoit capable que d'avoir du mé-
pris pour ceux qui ose-
roient avoir de l'amour
pour elle. Le Comte qui
connoissoit la sincerité de
cette belle Princesse, &
qui luy voioit d'ailleurs

des difpofitions fi oppo-
fées à la foibleffe de la
Galanterie , ne douta
point de la verité de fes
paroles : & neantmoins
il ne pût fe defendre de
tant de charmes qu'il
voioit tous les jours de fi
prés. Il devint paffionné-
ment amoureux de cette
Princeffe ; & quelque
honte qu'il trouvaft à fe
laiffer furmonter, il falut
ceder, & l'aimer de la plus
violente & de la plus fin-
cere paffion qui fut ja-
mais. S'il ne fut pas maiftre de fon cœur, il le fut

de ſes actions. Le chan-
gement de ſon ame n'en
apporta point dans ſa con-
duite , & perſonne ne
ſoupçonna ſon amour. Il
prît vn ſoin exact pendant
vne année entiere de le
cacher à la Princeſſe : &
il crut qu'il auroit toû-
jours le meſme deſir de le
luy cacher. L'amour fit
en luy ce qu'il fait en tous
les autres : il luy donna
l'envie de parler; & apres
tous les combats qui ont
accouſtumé de ſe faire en
pareilles occaſions, il oſa
luy dire qu'il l'aimoit; s'e-
ſtant

ſtant bien preparé à eſſuier
les orages dont la fierté de
cette Princeſſe le mena-
çoit. Mais il trouva en elle vne tranquillité & vne
froideur pires mille fois
que toutes les rigueurs à
quoy il s'eſtoit attendu.
Elle ne prît pas la peine de
ſe mettre en cholere con-
tre luy. Elle luy repreſen-
ta en peu de mots la diffe-
rence de leurs qualitez &
de leur âge, la connoiſſá-
ce particuliere qu'il avoit
de ſa vertu, & de l'inclination qu'elle avoit euë pour
le Duc de Guiſe ; & ſur

B

tout ce qu'il devoit à l'a-
mitié & à la confiance du
Prince son Mari. Le Com-
te pensa mourir à ses pieds
de honte & de douleur.
Elle tâcha de le consoler,
en l'asseurant qu'elle ne se
souviendroit jamais de ce
qu'il venoit de luy dire;
qu'elle ne se persuaderoit
jamais vne chose qui luy
estoit si desavantageuse;
& qu'elle ne le regarderoit
jamais que comme son
meilleur ami. Ces asseuran-
ces consolerent le Comte
comme on se le peut ima-
giner. Il sentit le mépris

des paroles de la Princesse dans toute leur étendue, & le lendemain la revoiant avec vn visage aussi ouvert que de coustume, son affliction en redoubla de la moitié. Le procedé de la Princesse ne la diminua pas. Elle vescut avec luy avec la mesme bonté qu'elle avoit accoustumé. Elle luy reparla, quãd l'occasion en fit naistre le discours, de l'inclination qu'elle avoit euë pour le Duc de Guise : & la Renommée commençant alors à publier les grandes

qualitez qui paroiſſoient
en ce Prince, elle luy a-
voüa qu'elle en ſentoit de
la joië, & qu'elle eſtoit
bien aiſe de voir qu'il me-
ritoit les ſentimens qu'elle avoit eus pour luy. Toutes ces marques de con-
fiance qui avoient eſté ſi
cheres au Comte, luy de-
vinrent inſupportables. Il
n'oſoit pourtant le temoigner à la Princeſſe, quoy
qu'il oſaſt bien la faire ſou-
venir quelquefois de ce
qu'il avoit eu la hardieſſe
de luy dire. Apres deux
années d'abſence la Paix

estant faite, le Prince de
Monpensier revint trou-
ver la Princesse sa femme,
tout couvert de la gloire
qu'il avoit acquise au siege de Paris, & à la bataille
de S. Denis. Il fut surpris
de voir la beauté de cette
Princesse dans vne si grande perfection ; & par le
sentiment d'vne jalousie
qui luy estoit naturelle, il
en eut quelque chagrin,
prevoiant bien qu'il ne seroit pas seul à la trouver
belle. Il eut beaucoup de
joïe de revoir le Comte de
Chabanes , pour qui son

B iij

amitié n'eſtoit point dimi-
nuée. Il luy demanda con-
fidemment des nouvelles
de l'eſprit & de l'humeur
de ſa femme, qui luy e-
ſtoit quaſi vne perſonne
inconnuë, par le peu de
temps qu'il avoit demeuré
avec elle. Le Comte avec
vne ſincerité auſſi exacte
que s'il n'euſt point eſté a-
moureux, dit au Prince
tout ce qu'il connoiſſoit
en cette Princeſſe capable
de la luy faire aimer : & il
avertit auſſi Madame de
Monpenſier de toutes les
choſes qu'elle devoit faire

pour achever de gaigner le cœur & l'estime de son Mari.

Enfin la passion du Comte le portoit si naturellement à ne songer qu'à ce qui pouvoit augmenter le bonheur & la gloire de cette Princesse, qu'il oublioit sans peine l'interest qu'ont les Amans à empécher que les personnes qu'ils aiment ne soient dans vne parfaite intelligence avec leurs Maris. La Paix ne fit que paroistre. La Guerre recommença aussitost par le dessein

qu'eut le Roy de faire ar-
rester à Noiers le Prince
de Condé & l'Amiral de
Chastillon : & ce dessein
ayant esté decouvert, l'on
commença de nouveau les
preparatifs de la Guerre;
& le Prince de Monpen-
sier fut contraint de qui-
ter sa femme pour se ren-
dre où son devoir l'appelloit. Chabanes le suivit à
la Cour, s'estant entierement justifié aupres de la
Reine. Ce ne fut pas sans
vne douleur extréme qu'il
quita la Princesse, qui de
son costé demeura fort tri-

fte des perils où la Guerre
alloit expofer fon Mari.
Les Chefs des Huguenots
s'eftoient retirez à la Ro-
chelle. Le Poitou & la
Xaintonge eftant dans
leur Parti, la Guerre s'y
alluma fortement, & le
Roy y r'affembla toutes
fes Troupes. Le Duc
d'Anjou fon Frere, qui
fut depuis Henri III. y ac-
quit beaucoup de gloire
par plufieurs belles a-
ctions, & entre autres par
la Bataille de Iarnac, où le
Prince de Condé fut tué.
Ce fut dans cette Guerre

que le Duc de Guise com-
mença à avoir des emplois
confiderables , & à faire
connoiftre qu'il paffoit de
beaucoup les grandes ef-
perances qu'on avoit con-
ceües de luy. Le Prince de
Monpefier qui le haïffoit,
& comme fon ennemi par-
ticulier, & comme celuy
de fa Maifon , ne voioit
qu'avec peine la gloire de
ce Duc, auffi bien que l'a-
mitié que luy temoignoit
le Duc d'Anjou. Apres
que les deux armées fe furent fatiguées par beau-
coup de petits combats,

d'vn commun confente-
ment on licencia les Troupes pour quelque temps.
Le Duc d'Anjou demeura
à Loches, pour donner or-
dre à toutes les Places qui
euffent pû eftre attaquées.
Le Duc de Guife y demeu-
ra avec luy; & le Prince de
Monpenfier accompagné
du Comte de Chabanes
s'en retourna à Champi-
gni, qui n'eftoit pas fort
éloigné de là. Le Duc
d'Anjou alloit fouvent vi-
fiter les Places qu'il faifoit
fortifier. Vn iour qu'il revenoit à Loches par vn

chemin peu cónu de ceux
de sa suite, le Duc de Guise qui se vantoit de le savoir, se mit à la teste de la
Troupe pour servir de
Guide : mais apres avoir
marché quelque temps,
il s'égara, & se trouva sur
le bord d'vne petite Riviere, qu'il ne reconnut pas
luy-mesme. Le Duc d'An-
jou luy fit la guerre de les
avoir si mal conduits : &
estant arrestez en ce lieu,
aussi disposez à la joie
qu'ont accoustumé de l'e-
stre de jeunes Princes, ils
aperceurent vn petit ba-

teau qui estoit arresté au
milieu de la Riviere : &
comme elle n'estoit pas
large, ils distinguerent ai-
sement dans ce bateau
trois ou quatre Femmes :
& vne entre autres qui leur
sembla fort belle, qui e-
stoit habillée magnifique-
ment, & qui regardoit a-
vec attention deux Hom-
mes qui peschoient aupres
d'elle. Cette avanture
donna vne nouvelle joie à
ces jeunes Princes, & à
tous ceux de leur suite.
Elle leur parut vne chose
de Roman. Les vns di-

ſoient au Duc de Guiſe,
qu'il les avoit égarez ex-
prés pour leur faire voir
cette belle perſonne; les
autres, qu'il faloit, apres
ce qu'avoit fait le hazard,
qu'il en devint amoureux:
& le Duc d'Anjou ſouſte-
noit que c'eſtoit luy qui
devoit eſtre ſon Amant.
Enfin voulant pouſſer l'a-
uanture à bout, ils firent
avancer dans la Riviere
de leurs Gens à cheval, le
plus avant qu'il ſe pût,
pour crier à cette Dame
que ceſtoit Monſieur
d'Anjou, qui eut bien

voulu paſſer de l'autre coſté de l'eau, & qui prioir
qu'on le vint prendre.
Cette Dame, qui eſtoit
la Princeſſe de Monpen-
ſier, entendant dire que
le Duc d'Anjou eſtoit là,
& ne doutant point à la
quantité des Gens qu'elle
voioit au bord de l'eau,
que ce ne fuſt luy, fît
avancer ſon bateau pour
aller du coſté où il eſtoit.
Sa bonne mine le luy fît
bientoſt diſtinguer des
autres. Mais elle diſtingua
encore pluſtoſt le Duc de
Guiſe. Sa veuë luy appor-

ta vn trouble qui la fit vn
peu rougir , & qui la fit
paroiſtre aux yeux de ces
Princes dans vne beauté
qu'ils crurent ſurnaturel-
le. Le Duc de Guiſe la reconnut d'abord , malgré
le changement avanta-
geux qui s'eſtoit fait en elle depuis les trois années
qu'il ne l'avoit veüe. Il dit
au Duc d'Anjou qui elle
eſtoit , qui fut honteux
d'abord de la liberté qu'il
avoit priſe : mais voiant
Madame de Monpenſier
ſi belle, & cette avanture
luy plaiſant ſi fort, il ſe refolut

ſolut de l'achever : & apres
mille excuſes & mille có-
plimens, il inventa vne
affaire conſiderable, qu'il
diſoit avoir au delà de la
Riviere, & accepta l'offre
qu'elle luy fît de le paſſer
dans ſon bateau. Il y en-
tra ſeul avec le Duc de
Guiſe, donnant ordre à
tous ceux qui les ſuivoient
d'aller paſſer la Riviere à
vn autre endroit, & de les
venir joindre à Champi-
gni, que Madame de Mó-
penſier leur dît qui n'e-
ſtoit qu'à deux lieuës de là.
Sitoſt qu'ils furent dans le

C

bateau , le Duc d'Anjou
luy demanda à quoy ils
devoient vne si agreable
rencontre , & ce qu'elle
faisoit au milieu de la Riviere. Elle luy repondit,
qu'estant partie de Cham-
pigni avec le Prince son
Mari , dans le dessein de
le suivre à la Chasse, s'e-
stant trouvée trop lasse,
elle estoit venuë sur le
bord de la Riviere, où la
curiosité de voir prendre
vn Saumon qui avoit don-
né dans vn filet, l'avoit
fait entrer dans ce bateau.
Monsieur de Guise ne se

méloit point dans la con-
verſation : mais ſentant
reveiller vivement dans
ſon cœur tout ce que cet-
te Princeſſe y avoit autrefois fait naiſtre, il penſoit
en luy-meſme qu'il ſorti-
roit difficilement de cette
avanture, ſans rentrer dás
ſes liens. Ils arriverent
bientoſt au bord, où ils
trouverent les chevaux &
les Eſcuiers de Madame
de Monpenſier, qui l'at-
tendoient. Le Duc d'An-
jou & le Duc de Guiſe luy
aiderent à monter à che-
val, où elle ſe tenoit avec

vne grace admirable. Pendant tout le chemin elle les entretint agreablemét de diverses choses. Ils ne furent pas moins surpris des charmes de son esprit, qu'ils l'avoient esté de sa beauté; & ils ne pûrent s'empécher de luy faire cónoistre qu'ils en estoiét extraordinairement surpris. Elle répondit à leurs loüanges avec toute la modestie imaginable: mais vn peu plus froidement à celles du Duc de Guise; voulant garder vne fierté qui l'empéchast

de fonder aucune espe-
rance sur l'inclination
qu'elle avoit euë pour luy.
En arrivant dans la pre-
miere cour de Champi-
gni, ils trouverent le
Prince de Monpensier,
qui ne faisoit que de revenir de la chasse. Son estonnement fut grand de voir
marcher deux Hommes à
costé de sa femme : mais
il fut extréme, quand s'approchant de plus prés, il
reconnut que c'estoit le
Duc d'Anjou, & le Duc
de Guise. La haine qu'il
avoit pour le dernier se

joignant à ſa jalouſie naturelle, luy fît trouver quelque choſe de ſi deſagreable à voir ces Princes aveque ſa femme, ſans ſavoir comment ils s'y eſtoient trouvez, ni ce qu'ils venoient faire en ſa maiſon, qu'il ne pût cacher le chagrin qu'il en avoit. Il en rejetta adroitement la cauſe ſur la crainte de ne pouvoir recevoir vn ſi grand Prince ſelon ſa qualité, & comme il l'euſt bien ſouhaitté. Le Comte de Chabanes avoit encore plus de chagrin de voir

Monſieur de Guiſe auprés
de Madame de Monpen-
ſier, que Monſieur de
Monpenſier n'en avoit
luy-meſme. Ce que le ha-
zard avoit fait pour r'aſ-
ſembler ces deux perſon-
nes, luy ſembloit de ſi
mauvais augure, qu'il pro-
noſtiquoit aiſement que
ce commencement de
Roman ne ſeroit pas ſans
ſuite. Madame de Mon-
penſier fît le ſoir les hon-
neurs de chez elle avec le
meſme agrément qu'elle
faiſoit toutes choſes. Enfin elle ne plût que trop à

ſes Hoſtes. Le Duc d'An-
jou, qui eſtoit fort galand,
& fort bien fait , ne pût
voir vne fortune ſi digne
de luy ſans la ſouhaitter
ardemment. Il fut touché
du meſme mal que Mon-
ſieur de Guiſe : & feignant
toûjours des affaires extra-
ordinaires , il demèura
deux jours à Champigni,
ſans eſtre obligé d'y de-
meurer que par les char-
mes de Madame de Mon-
penſier ; le Prince ſon Mari ne faiſant point de violence pour l'y retenir. Le
Duc de Guiſe ne partit pas

sans faire entendre à Madame de Monpensier qu'il estoit pour elle, ce qu'il avoit esté autrefois : & comme sa passion n'avoit esté seuë de personne, il luy dît plusieurs fois devant tout le monde, sans estre entendu que d'elle, que son cœur n'estoit point changé. Et luy & le Duc d'Anjou partirent de Champigni avec beaucoup de regret. Ils marcherent long temps tous deux dans vn profond silence. Mais enfin le Duc d'Anjou s'imaginant tout

d'vn coup que ce qui fai-
soit sa resverie, pouvoit
bien causer celle du Duc
de Guise, luy demanda
brusquement s'il pensoit
aux beautez de la Princesse de Monpensier. Cette
demande si brusque, join-
te à ce qu'avoit déja remarqué le Duc de Guise des
sentimens du Duc d'An-
jou, luy fît voir qu'il seroit
infailliblement son Rival;
& qu'il luy estoit tres-im-
portant de ne pas décou-
vrir son amour à ce Prince.
Pour luy en oster tout
soupçon, il luy respondit

en riant , qu'il paroiſſoit
luy-meſme ſi occupé de
la reſverie dont il l'accuſoit, qu'il n'avoit pas jugé
à propos de l'interrompre:
que les beautez de la Princeſſe de Monpenſier n'e-
ſtoient pas nouvelles pour
luy ; qu'il s'eſtoit accouſtumé à en ſupporter l'é-
clat du temps qu'elle
eſtoit deſtinée à eſtre ſa
Belle-ſœur ; mais qu'il
voioit bien que tout le
monde n'en eſtoit pas ſi
peu ébloüi. Le Duc d'An-
jou luy avoüa qu'il n'avoit
encore rien veu qui luy pa-

rût comparable à cette
jeune Princesse ; & qu'il
sentoit bien que sa veuë
luy pourroit estre dange-
reuse, s'il y estoit souvent
exposé. Il voulut faire con-
venir le Duc de Guise qu'il
sentoit la mesme chose :
mais ce Duc qui commen-
çoit à se faire vne affaire
serieuse de son amour,
n'en voulut rien avoüer.
Ces Princes s'en retournerent à Loches, faisant souvent leur agreable conver-
sation de l'avanture, qui
leur avoit découvert la
Princesse de Monpensier.

Ce ne fut pas vn sujet de si
grand divertissement dans
Champigni. Le Prince de
Monpensier estoit mal
content de tout ce qui
estoit arrivé, sans qu'il en
pût dire le sujet. Il trouvoit mauvais que sa fem-
me se fust trouvée dans ce
bateau. Il luy sembloit
qu'elle avoit receu trop
agreablement ces Prin-
ces : & ce qui luy déplai-
soit le plus, estoit d'avoir
remarqué que le Duc de
Guise l'avoit regardée at-
tentivement. Il en con-
ceut dés ce moment vne

jalouſie furieuſe, qui le fît
reſouvenir de l'emporte-
ment qu'il avoit temoi-
gné lors de ſon mariage;
& il eut quelque penſée
que dés ce temps-là meſ-
me il en eſtoit amoureux.
Le chagrin que tous ces
ſoupçons luy cauſerent,
donnerent de mauvaiſes
heures à la Princeſſe de
Monpenſier. Le Comte
de Chabanes , ſelon ſa
couſtume, prît ſoin d'em-
pecher qu'ils ne ſe broüil-
laſſent tout à fait ; afin de
perſuader par là à la Princeſſe, combien la paſſion

qu'il avoit pour elle estoit
sincere & des-interessée.
Il ne pût s'empecher de
luy demander l'effet qu'a-
voit produit en elle la
veuë du Duc de Guise. El-
le luy apprît qu'elle en
avoit esté troublée, par la
honte du souvenir de l'inclination qu'elle luy avoit
autrefois temoignée :
qu'elle l'avoit trouvé
beaucoup mieux fait qu'il
n'estoit en ce temps-là ; &
que mesme il luy avoit pa-
ru qu'il vouloit luy persua-
der qu'il l'aimoit encore:
mais elle l'asseura en mes-

me temps , que rien ne
pouvoir efbranler la refolution qu'elle avoit prife
de ne s'engager jamais. Le
Côte de Chabanes eut bien
de la joie d'apprendre cette
refolution : mais rien ne
le pouvoit raffurer fur le
Duc de Guife. Il temoigna
à la Princeffe qu'il appre-
hendoit extrémement que
les premieres impreffions
ne revinffent bientoft : &
il luy fît comprendre la
mortelle douleur qu'il auroit pour leur intereft
commun, s'il la voioit vn
jour changer de fentimens.

La

La Princesse de Monpen-
sier continuant toûjours
son procedé avec luy, ne
respondoit presque pas à
ce qu'il luy disoit de sa passion ; & ne consideroit
toûjours en luy que la
qualité du meilleur Ami
du monde, sans luy vou-
loir faire l'honneur de
prendre garde à celle d'A-
mant.

Les Armées estant re-
mises sur pied, tous les
Princes y retournerent: &
le Prince de Monpensier
trouva bon que sa femme
s'en vint à Paris, pour n'e-

D

ſtre plus ſi proche des
lieux où ſe faiſoit la Guerre. Les Huguenots aſſie-
gerent le Ville dePoitiers.
Le Duc de Guiſe s'y jetta
pour la deffendre ; & il y
fit des actions qui ſuffi-
roient ſeules pour rendre
glorieuſe vne autre vie
que la ſienne. En ſuite la
Bataille de Moncontour
ſe donna. Le Duc d'An-
jou, apres avoir pris Saint
Iean d'Angely , tomba
malade, & quitta en meſ-
me temps l'Armée ; ſoit
par la violence de ſon mal,
ſoit par l'envie qu'il avoit ,

de revenir goûter le repos
& les douceurs de Paris,
où la presence de la Princesse de Monpensier n'e-
stoit pas la moindre raison
qui luy attirast. L'Armée
demeura sous le comman-
dement du Prince de Mô-
pensier : & peu de temps
après la Paix estant faite,
toute la Cour se trouva à
Paris. La beauté de la Princesse effaça toutes celles
qu'on avoit admirées jus-
ques alors. Elle attira les
yeux de tout le monde,
par les charmes de son esprit & de sa personne. Le

Duc d'Anjou ne changea
pas à Paris les ſentimens
qu'il avoit conceus pour
elle à Champigni. Il prit
vn ſoin extréme de le luy
faire connoiſtre par tou-
tes ſortes de ſoins : prenant garde toutefois à ne
luy en pas rendre des te-
moignages trop éclatans,
de peur de donner de la jalouſie au Prince ſon Mari.
Le Duc de Guiſe acheva
d'en devenir violamment
amoureux : & voulant par
pluſieurs raiſons tenir ſa
paſſion cachée, il ſe reſolut de la luy declarer d'a-

bord, afin de s'efpargner
tous ces commencemens,
qui font toûjours naiftre
le bruit & l'éclat. Eftant
vn jour chez la Reine à
vne heure où il y avoit
tres-peu de monde, la
Reine s'eftât retirée pour
parler d'affaires avec le
Cardinal de Lorraine, la
Princeffe de Monpenfier
y arriva. Il fe refolut de
prendre ce moment pour
luy parler : & s'approchant
d'elle ; Ie vais vous fur-
prendre, Madame, luy-
dit-il, & vous déplaire, en
vous apprenant que j'ay

toûjours confervé cette
paffion qui vous a efté cô-
nuë autrefois ; mais qui
s'eft fi fort augmentée en
vous revoiant, que ni vo-
ftre feverité, ni la haine
de Monfieur le Prince de
Monpenfier, ni la con-
currence du premier Prin-
ce du Royaume, ne fau-
roient luy ofter vn mo-
ment de fa violence. Il auroit efté plus refpectueux
de vous la faire connoiftre
par mes actions, que par
mes paroles : mais, Mada-
me, mes actions l'auroiét
apprife à d'autres auffi

bien qu'à vous ; & je fou-
haitte que vous fachiez
feule que je fuis affez har-
di pour vous adorer. La
Princeffe fut d'abord fi furprife & fi troublée de ce
difcours , qu'elle ne fon-
gea pas à l'interrrompre :
mais en fuite eftant reve-
nuë à elle, & comméçant
à luy repondre, le Prince
de Monpenfier entra. Le
trouble & l'agitation e-
ftoient peints fur le vifage
de la Princeffe. La veuë de
fon Mari acheva de l'em-
baraffer : de forte qu'elle
luy en laiffa plus entendre,

que le Duc de Guise ne
luy en venoit de dire. La
Reine sortit de son Cabi-
net ; & le Duc se retira
pour guerir la jalousie de
ce Prince. La Princesse de
Monpensier trouva le soir
dans l'esprit de son Mari
tout le chagrin imagina-
ble. Il s'emporta contre
elle avec des violences é-
pouvantables ; & luy def-
fendit de parler jamais au
Duc de Guise. Elle se retira bien triste dans son a-
partement, & bien occu-
pée des avantures qui luy
estoient arrivées ce jour-

là. Le jour ſuivant elle re-
vit le Duc de Guiſe chez la
Reine : mais il ne l'aborda
pas ; & ſe contenta de ſor-
tir vn peu apres elle, pour
luy faire voir qu'il n'y avoit
que faire quand elle n'y
eſtoit pas. Il ne ſe paſſoit
point de jour qu'elle ne
receuſt mille marques ca-
chées de la paſſion de ce
Duc, ſans qu'il eſſayaſt de
luy en parler, que lors
qu'il ne pouvoit eſtre veu
de perſonne. Comme elle
eſtoit bien perſuadée de
cette paſſion, elle com-
mença, nonobſtant toũ-

tes les resolutions qu'elle
avoit faites à Champigni,
à sentir dans le fonds de
son cœur quelque chose
de ce qui y avoit esté autrefois. Le Duc d'Anjou
de son costé n'oublioit
rien pour luy temoigner
son amour en tous les
lieux où il la pouvoit voir,
& il la suivoit continuelle-
ment chez la Reine sa Me-
re. La Princesse sa sœur,
de qui il estoit aimé, en
estoit traitée avec vne rigueur capable de guerir
toute autre passion que la
sienne. On découvrit en

ce temps là que cette Princesse , qui fut depuis la
Reine de Navarre , eut
quelque attachement pour
le Duc de Guise : & ce qui
le fit découvrir davantage,
fut le refroidissement qui
parut du Duc d'Anjou
pour le Duc de Guise. La
Princesse de Monpensier
apprît cette nouvelle , qui
ne luy fut pas indifferen-
te ; & qui luy fît sentir
qu'elle prenoit plus d'interest au Duc de Guise
qu'elle ne pensoit. Mon-
sieur de Monpensier son
Beau-pere, épousant alors

Madamoifelle de Guife ,
fœur de ce Duc, elle eftoit
contrainte de le voir fouvent, dans les lieux où les
ceremonies des Nopces
les appelloient l'vn & l'autre. La Princeffe de Mon-
penfier ne pouvant plus
fouffrir qu'vn homme que
toute la France croioit a-
moureux de Madame, ofaft
luy dire qu'il l'eftoit d'elle:
& fe fentant offenfée, &
quafi affligée de s'eftre
trompée elle-mefme ; vn
jour que le Duc de Guife
la rencontra chez fa fœur
vn peu éloignée des au-

tres, & qu'il luy voulut parler de ſa paſſió, elle l'interrompit bruſquement , &
luy dît d'vn ton de voix
qui marquoit ſa colere : Ie
ne comprens pas qu'il fail-
le ſur le fondement d'vne
foibleſſe , dont on a eſté
capable à treize ans, avoir
l'audace de faire l'amou-
reux d'vne perſonne com-
me moy; & ſur tout quand
on l'eſt d'vne autre à la
veuë de toute la Cour. Le
Duc de Guiſe qui avoit
beaucoup d'eſprit, & qui
eſtoit fort amoureux ,
n'eut beſoin de conſulter

perſonne, pour entendre
tout ce que ſignifioient
les paroles de la Princeſſe.
Il luy reſpondit avec beaucoup de reſpect : I'avoüe,
Madame, que j'ay eu tort
de ne pas mépriſer l'hon-
neur d'eſtre Beau-frere de
mon Roy, pluſtoſt que
de vous laiſſer ſoupçonner
vn moment, que je pou-
vois deſirer vn autre cœur
que le voſtre : mais ſi vous
voulez me faire la grace de
m'écouter, je ſuis aſſeuré
de me juſtifier auprés de
vous. La Princeſſe de Monpenſier ne repondit point;

mais elle ne s'éloigna pas:
& le Duc de Guise voiant
qu'elle luy donnoit l'au-
diance qu'il souhaittoit,
luy apprit que sans s'estre
attiré les bonnes graces
de Madame par aucun
soin, elle l'en avoit hono-
ré : que n'ayant nulle passion pour elle, il avoit tres-
mal repondu à l'honneur
qu'elle luy faisoit, jusques
à ce qu'elle luy eust donné quelque esperance de
l'épouser. Qu'à la ve-
rité la grandeur où ce
mariage pouvoit l'élever,
l'avoit obligé de luy ren-

dre plus de devoirs: & que
c'estoit ce qui avoit donné
lieu au soupçon qu'en
avoit eu le Roy & le Duc
d'Anjou: que l'opposition
de l'vn ni de l'autre ne le
dissuadoient pas de son
dessein; mais que si ce dessein luy deplaisoit, il l'a-
bandonnoit dés l'heure
mesme, pour n'y penser
de sa vie. Le sacrifice que
le Duc de Guise faisoit à la
Princesse, luy fit oublier
toute la rigueur & toute la
colere avec laquelle elle
avoit commencé de luy
parler. Elle changea de
discours,

discours, & se mit à l'entretenir de la foiblesse
qu'avoit euë Madame de
l'aimer la premiere, & de
l'avantage considerable
qu'il recevroit en l'épousant. Enfin, sans rien dire
d'obligeant au Duc de
Guise, elle luy fît revoir
mille choses agreables,
qu'il avoit trouvées autrefois en Mademoiselle de
Meziere. Quoy qu'ils ne
se fussent point parlé depuis long-temps, ils se
trouverent accoustumez
l'vn à l'autre : & leurs
cœurs se remirent aise-

ment dans vn chemin qui
ne leur eſtoit pas inconnu.
Ils finirent cette agreable
converſation , qui laiſſa v-
ne ſenſible joie dans l'eſprit du Duc de Guiſe. La
Princeſſe n'en eut pas vne
petite de connoiſtre qu'il
l'aimoit   veritablement.
Mais quand elle fut dans
ſon cabinet , quelles refle-
xions ne fît-elle point ſur
la honte de s'eſtre laiſſée
fléchir ſi aiſement aux excuſes du Duc de Guiſe?
ſur l'embarras où elle s'alloit plonger en s'enga-
geant   dans  vne  choſe

qu'elle avoit regardée a-
vec tant d'horreur, & sur
les effroiables malheurs,
où la jalousie de son Mari
la pouvoit jetter. Ces pensées luy firent faire de
nouvelles resolutions,
mais qui se dissiperent dés
le lendemain par la veuë
du Duc de Guise. Il ne
manquoit point de luy
rendre vn compte exact
de ce qui se passoit entre
Madame & luy. La nou-
velle alliance de leurs
Maisons luy donnoit oc-
casion de luy parler sou-
vent. Mais il n'avoit pas

peu de peine à la guerir de
la jalousie que luy don-
noit la beauté de Mada-
me, contre laquelle il n'y
avoit point de serment
qui la pust rassurer. Cette
jalousie servoit à la Princesse de Monpensier à deffendre le reste de son cœur
contre les soins du Duc
de Guise, qui en avoit déja gaigné la plus grande
partie. Le mariage du Roy
avec la fille de l'Empereur
Maximilien remplit la
Cour de festes & de ré-
joüissances. Le Roy fît
vn Ballet, où dansoit Ma-

dame, & toutes les Prin-
cesses. La Princesse de
Monpensier pouvoit seule
luy disputer le prix de la
beauté. Le Duc d'Anjou
dansoit vne Entrée de
Maures; & le Duc de Gui-
se, avec quatre autres,
estoit de son Entrée. Leurs
habits estoient tous pa-
reils, comme le sont d'ordinaire les habits de ceux
qui dansent vne mesme
Entrée. La premiere fois
que le Ballet se dansa, le
Duc de Guise devant que
de danser, n'ayant pas encore son masque, dît quel-

ques mots en paſſant à la
Princeſſe de Monpenſier.
Elle s'aperceut bien que
le Prince ſon Mari y avoit
pris garde : ce qui la mit
en inquietude. Quelque
temps apres voiant le Duc
d'Anjou avec ſon maſque
& ſon habit de Maure, qui
venoit pour luy parler,
troublée de ſon inquietude,
elle crut que c'eſtoit encore le Duc de Guiſe : & s'approchant de luy, N'ayez
des yeux ce ſoir que pour
Madame, luy dit-elle : Ie
n'en ſerez point jalouſe : Ie
vous l'ordonne : On m'ob-

ferve : Ne m'approchez
plus. Elle fe retira fitoft
qu'elle eut achevé ces
paroles. Le Duc d'Anjou
en demeura accablé com-
me d'vn coup de tonner-
re. Il vit dans ce moment
qu'il avoit vn Rival aimé.
Il comprît par le nom de
Madame, que ce Rival e-
ftoit le Duc de Guife : & il
ne put douter que la Princeffe fa Sœur ne fuft le fa-
crifice qui avoit rendu la
Princeffe de Monpenfier
favorable aux vœux de fon
Rival. La jaloufie, le depit, & la rage fe joignant

à la haine qu'il avoit déja
pour luy, firent dans son
ame tout ce qu'on peut
imaginer de plus violent;
& il eut donné sur l'heure
quelque marque sanglan-
te de son desespoir , si la
dissimulation qui luy e-
stoit naturelle, ne fût ve-
nue à son secours , & ne
l'eust obligé par des rai-
sons puissantes, en l'estat
qu'estoient les choses, à
ne rien entreprendre con-
tre le Duc de Guise. Il ne
put toutefois se refuser le
plaisir de luy apprendre,
qu'il savoit le secret de

son amour : & l'abordant en sortant de la salle, où l'on avoit dansé:C'est trop, luy dît-il, d'oser lever les yeux jusques à ma Sœur, & de m'oster ma Maistresse. La consideration du Roy m'empesche d'éclater : mais souvenez-vous que la perte de vostre vie sera peut-estre la moindre chose dont je puniray quelque jour vostre temerité. La fierté du Duc de Guise n'estoit pas accoustumée à de telles menaces. Il ne put neanmoins y répondre, parceque le

Roy , qui sortoit en ce
moment, les appella tous
deux : mais elles graverent
dans son cœur vn desir de
vangeance , qu'il travailla
toute sa vie à satisfaire.
Dés le mesme soir le Duc
d'Anjou luy rendit toutes
sortes de mauvais offices
auprés du Roy. Il luy per-
suada que jamais Madame
ne consentiroit d'estre
mariée avec le Roy de Na-
varre, avec qui on propo-
soit de la marier, tant que
l'on souffriroit que le Duc
de Guise l'approchast : &
qu'il estoit honteux de

fouffrir qu'vn de fes Sujets,
pour fatisfaire à fa vanité,
apportaft de l'obftacle à
vne chofe qui devoit don-
ner la Paix à la France. Le
Roy avoit déja affez d'ai-
greur contre le Duc de
Guife. Ce difcours l'au-
gmenta fi fort, que le
voiant le lendemain com-
me il fe prefentoit pour
entrer au Bal chez la Reine, paré d'vn nombre in-
fini de pierreries, mais
plus paré encore de fa
bonne mine, il fe mit à
l'entrée de la porte, & luy
demanda brufquement

où il alloit. Le Duc, sans
s'estonner, luy dît, qu'il
venoit pour luy rendre ses
tres-humbles services : à
quoy le Roy repliqua qu'il
n'avoit pas besoin de ceux
qu'il luy rendoit ; & se
tourna , sans le regarder.
Le Duc de Guise ne laissa
pas d'entrer dans la Salle,
outré dans le cœur, & contre le Roy , & contre le
Duc d'Anjou. Mais sa dou-
leur augmenta sa fierté naturelle ; & par vne maniere de depit il s'approcha
beaucoup plus de Mada-
me qu'il n'avoit accoustu-

mé : joint que ce que luy
avoit dit le Duc d'Anjou
de la Princeſſe de Mon-
penſier, l'empeſchoit de
jetter les yeux ſur elle. Le
Duc d'Anjou les obſervoit
ſoigneuſement l'vn & l'autre. Les yeux de cette
Princeſſe laiſſoient voir
malgré elle quelque cha-
grin, lors que le Duc de
Guiſe parloit à Madame.
Le Duc d'Anjou, qui avoit
compris par ce qu'elle luy
avoit dit en le prenant
pour Mr. de Guiſe, qu'el-
le avoit de la jalouſie, eſ-
pera de les broüiller; & ſe

mettant auprés d'elle, C'est
pour voſtre intereſt, Ma-
dame, pluſtoſt que pour le
mien, luy dît-il, que je
m'en vais vous apprendre
que le Duc de Guiſe ne
merite pas que vous l'ayez
choiſi à mon prejudice.
Ne m'interrompez point,
je vous prie, pour me dire
le contraire d'vne verité
que je ne ſay que trop. Il
vous trompe, Madame, &
vous ſacrifie à ma Sœur,
comme il vous l'a ſacrifiée.
C'eſt vn homme qui n'eſt
capable que d'ambition:
mais puis qu'il a eu le bon-

heur de vous plaire, c'eſt aſſez. Ie ne m'oppoſeray point à vne fortune que je meritois ſans doûte mieux que luy. Ie m'en rendrois indigne, ſi je m'opiniâtrois davantage à la conqueſte d'vn cœur qu'vn autre poſſede. C'eſt trop de n'avoir pû attirer que voſtre indifference. Ie ne veux pas y faire ſucceder la haine, en vous importunant plus long temps de la plus fidelle paſſion qui fut jamais. Le Duc d'Anjou, qui eſtoit effectivement touché d'amour & de douleur, put à peine achever ces paroles : & quoy qu'il euſt commencé ſon diſcours dans vn eſprit de depit & de vangeance, il s'attendrit, en conſiderant la beauté de la Princeſſe, & la perte qu'il faiſoit en perdant l'eſperance d'en eſtre aimé. De ſorte que ſans attendre ſa reponſe, il ſortit du Bal, feignant de ſe trouver mal, & s'en alla chez luy reſver à ſon malheur. La Princeſſe de Monpenſier demeura affligée & troublée, comme on ſe le peut imaginer.

Voir

Voir sa reputation & le secret de sa vie entre les
mains d'vn Prince qu'elle
avoit maltraité, & apprendre par luy, sans pouvoir
en douter, qu'elle estoit
trompée par son Amant,
estoient des choses peu ca-
pables de luy laisser la liberté d'esprit que deman-
doit vn lieu destiné à la
joie. Il falut pourtant demeurer en ce lieu, & aller
souper en suite chez la
Duchesse de Monpensier
sa Belle-mere, qui l'em-
mena avec elle. Le Duc de
Guise, qui mouroit d'im-

F

patience de luy conter ce
que luy avoit dit le Duc
d'Anjou le jour precedent,
la suivit chez sa Sœur.
Mais quel fut son estonnement, lors que voulant
entretenir cette belle Princesse, il trouva qu'elle ne
luy parloit que pour luy
faire des reproches épou-
vantables : & le depit luy
faisoit faire ces reproches
si confusément, qu'il n'y
pouvoit rien comprendre,
sinon qu'elle l'accusoit
d'infidelité & de trahison.
Accablé de desespoir de
trouver vne si grande au-

gmentation de douleur, où il avoit esperé de se con-
soler de tous ses ennuis ; & aimant cette Princesse avec vne passion qui ne pouvoit plus le laisser vivre dans l'incertitude d'en estre aimé, il se determina tout d'vn coup. Vous serez satisfaite, Madame, luy dît-il. Ie m'en vais faire pour vous ce que toute la puissance Royalle n'auroit pû obtenir de moy. Il m'en coustera ma fortune : mais c'est peu de chose pour vous satisfaire. Sans demeurer davantage

chez la Ducheſſe ſa Sœur,
il s'en alla trouver à l'heure meſme les Cardinaux,
ſes Oncles ; & ſur le pretexte du mauvais traite-
ment qu'il avoit receu du
Roy, il leur fît voir vne ſi
grande neceſſité pour ſa
fortune à faire paroiſtre
qu'il n'avoit aucune pen-
ſée d'eſpouſer Madame,
qu'il les obligea à con-
clure ſon mariage avec la
Princeſſe de Portien, du-
quel on avoit déja parlé.
La nouvelle de ce mariage
fut auſſi toſt ſeuë par tout
Paris. Tout le monde fut

surpris, & la Princesse de Monpensier en fut touchée de joïe & de douleur. Elle fut bien aise de voir par là le pouvoir qu'elle avoit sur le Duc de Guise : & elle fut fachée en mesme temps de luy avoir fait abandonner vne chose aussi avantageuse que le mariage de Madame. Le Duc de Guise, qui vouloit au moins que l'Amour le recompensast de ce qu'il perdoit du costé de la Fortune, pressa la Princesse de luy donner vne audiance particuliere, pour s'é-

·claircir·des reproches in-
juftes qu'elle luy avoit
faits. Il obtint qu'elle fe
trouveroit chez la Du-
cheffe de Monpenfier fa
Sœur à vne heure que cet-
te Ducheffe n'y feroit pas,
& qu'il pourroit l'entre-
tenir en particulier. Le
Duc de Guife eut la joïe
de fe pouvoir jetter à fes
pieds, de luy parler en liberté de fa paffion, & de
luy dire ce qu'il avoit fouf-
fert de fes foupçons. La
Princeffe ne pouvoit s'o-
fter de l'efprit ce que luy
avoit dit le Duc d'Anjou,

quoy que le procedé du
Duc de Guise la duſt abſo-
lument raſſurer. Elle luy
apprît le juſte ſujet qu'elle avoit de croire qu'il l'a-
voit trahie ; puis que le
Duc d'Anjou ſavoit ce
qu'il ne pouvoit avoir appris que de luy. Le Duc
de Guiſe ne ſavoit par où
ſe deffendre , & eſtoit
auſſi embaraſſé que la
Princeſſe de Monpenſier
à deviner ce qui avoit pû
découvrir leur intelligence. Enfin dans la ſuite de
leur conuerſation , com-
me elle luy remontroit,

qu'il avoit eu tort de pre-
cipiter son mariage avec
la Princesse de Portien, & 
d'abandonner celuy de 
Madame, qui luy estoit si 
avantageux, elle luy dît 
qu'il pouvoit bien juger 
qu'elle n'en eust eu aucune jalousie, puis que le 
jour du Ballet elle-mesme 
l'avoit conjuré de n'avoir 
des yeux que pour Mada-
me. Le Duc de Guise luy 
dît qu'elle avoit eu inten-
tion de luy faire ce com-
mandement ; mais qu'as-
surement elle ne luy avoit 
pas fait. La Princesse luy

souſtint le contraire. Enfin à force de diſputer &
d'aprofondir, ils trouve-
rent qu'il falloit qu'elle
ſe fuſt trompée dans la
reſſemblence des habits,
& qu'elle meſme euſt ap-
pris au Duc d'Anjou ce
qu'elle accuſoit le Duc de
Guiſe de luy avoir appris.
Le Duc de Guiſe qui eſtoit
preſque juſtifié dans ſon
eſprit par ſon mariage, le
fut entierement par cette
converſation. Cette belle
Princeſſe ne put refuſer
ſon cœur à vn homme qui
l'avoit poſſedé autrefois,

& qui venoit de tout a-
bandonner pour elle. El-
le confentit donc à rece-
voir fes vœux, & luy per-
mit de croire qu'elle n'e-
ftoit pas infenfible à fa
paffion. L'arrivée de la
Duchefſe de Monpenfier
fa Belle-Mere finit cette
converfation , & empé-
cha le Duc de Guife de
luy faire voir les tranf-
ports de fa joïe. Quelque
temps apres la Cour s'en
allant à Blois, où la Prin-
cefſe de Monpenfier la
fuivit, le mariage de Ma-
dame avec le Roy de Na-

varre y fut conclu. Le Duc
de Guise ne connoissant
plus de grandeur ni de
bonne fortune que celle
d'estre aimé de la Princesse, vit avec joïe la con-
clusion de ce mariage,
qui l'auroit comblé de
douleur dans vn autre
temps. Il ne pouvoit si
bien cacher son amour,
que le Prince de Monpen-
sier n'en entrevist quel-
que chose, lequel n'e-
stant plus maistre de sa jalousie, ordonna à la Princesse sa femme de s'en aller à Champigni. Ce com-

mandement luy fut bien
rude : il falut pourtant
obeir. Elle trouva moyen
de dire adieu en particu-
lier au Duc de Guiſe : mais
elle ſe trouva bien emba-
raſſée à luy donner des
moyens ſeurs pour luy eſ-
crire. Enfin aprés avoir
bien cherché , elle jetta
les yeux ſur le Comte de
Chabanes, qu'elle contoit
toûjours pour ſon Ami,
ſans conſiderer qu'il eſtoit
ſon Amant. Le Duc de
Guiſe , qui ſavoit à quel
point ce Comte eſtoit
Ami du Prince de Mon-,

penfier , fut efpouvanté
qu'elle le choifift pour
fon Confident : mais elle
luy répondit fi bien de fa
fidelité, qu'elle le raffeura.
Il fe fepara d'elle avec toute la douleur que peut
caufer l'abfence d'vne perfonne que l'on aime paf-
fionnement. Le Comte
de Chabanes qui avoit
toûjours efté malade à Paris pendant le fejour de la
Princeffe de Monpenfier
à Blois , fachant qu'elle
s'en alloit à Champigni ,
la fut trouver fur le chemin pour s'en aller avec

elle. Elle luy fit mille ca-
resses & mille amitiez; &
luy temoigna vne impa-
tiance extraordinaire de
s'entretenir en particulier,
dont il fut d'abord char-
mé. Mais quelle fut son
estonnement & sa dou-
leur, quand il trouva que
cette impatiance n'alloit
qu'à luy conter qu'elle e-
stoit passiónement aimée
du Duc de Guise,& qu'elle
l'aimoit de la mesme for-
te ? Son estonnement &
sa douleur ne luy permi-
rent pas de répondre. La
Princesse, qui estoit plei-

ne de fa paffion , & qui
trouvoit vn foulagement
extréme à luy en parler, ne
prît pas garde à fon filence ; & fe mit à luy conter
jufques aux plus petites
circonftances de fon a-
vanture. Elle luy dît comme le Duc de Guife & el-
le eftoient convenus de recevoir par fon moyen les
lettres qu'ils devoient s'é-
crire. Ce fut le dernier
coup pour le Comte de
Chabanes, de voir que fa
Maiftreffe vouloit qu'il
fervit fon Rival, & qu'elle luy en faifoit la propofi-

tion comme d'vne chofe
qui luy devoit eftre agreable. Il eftoit fi abfolument
maiftre de luy mefme, qu'il
luy cacha tous fes fenti-
mens. Il luy témoigna feu-
lement la furprife où il e-
ftoit de voir en elle vn fi
grand changement. Il ef-
pera d'abord que ce chan-
gement qui luy oftoit toutes fes efperances , luy o-
fteroit auffi toute fa paffion : mais il trouva cette
Princeffe fi charmante, fa
beauté naturelle eftant
encore de beaucoup au-
gmentée par vne certaine
grace

grace que luy avoit don-
née l'air de la Cour, qu'il
fentit qu'il l'aimoit plus
que jamais. Toutes les
confidences qu'elle luy
faifoit fur la tendreffe &
fur la delicateffe de fes
fentimens pour le Duc de
Guife, luy faifoient voir
le prix du cœur de cette
Princeffe, & luy don-
noient vn defir de le pof-
feder. Comme fa paffion
eftoit la plus extraordinaire du monde, elle produi-
fit l'effet du monde le plus
extraordinaire: car elle le
fit refoudre de porter à fa

G

Maiſtreſſe les Lettres de
ſon Rival. L'abſence du
Duc de Guiſe doñnoit vn
chagrin mortel à la Prin-
ceſſe de Monpenſier. Et
n'eſperant de ſoulagemét,
que par ſes Lettres, elle
tourmentoit inceſſammét
le Comte de Chabanes
pour ſavoir s'il n'en recevoit point , & ſe prenoit
quaſi à luy de n'en avoir
pas aſſez-toſt. Enfin il en
receut par vn Gentilhom-
me du Duc de Guiſe : & il
les luy apporta à l'heure
meſme, pour ne luy retar-
der pas ſa joie d'vn mo-

ment. Celle qu'elle eut de
les recevoir fut extréme.
Elle ne prit pas le soin de
la luy cacher, & luy fît a-
valler à longs traits tout le
poison imaginable, en luy
lisant ces lettres ; & la response tendre & galante
qu'elle y faisoit. Il porta
cette response au Gentil-
homme avec la mesme fi-
delité avec laquelle il a-
voit rendu la lettre à la
Princesse : mais avec plus
de douleur. Il se consola
pourtant vn peu dans la
pensée que cette Princesse
feroit quelque reflexion

ſur ce qu'il faiſoit pour elle, & qu'elle luy en te-
moigneroit de la recon-
noiſſance. La trouvant de
jour en jour plus rude pour
luy, par le chagrin qu'elle
avoit d'ailleurs, il prît la
liberté de la ſupplier de
penſer vn peu à ce qu'el-
le luy faiſoit ſouffrir. La
Princeſſe qui n'avoit dans
la teſte que le Duc de Guiſe, & qui ne trouvoit que
luy ſeul digne de l'adorer,
trouva ſi mauvais qu'vn
autre que luy oſaſt penſer
à elle, qu'elle maltraita
bien plus le Côte de Cha-

banes en cette occafion,
qu'elle n'avoit fait la premiere fois qu'il luy avoit
parlé de fon amour. Quoy
que fa paffion, auffi bien
que fa patience, fuft extréme, & à toutes efpreuves,
il quitta la Princeffe, &
s'en alla chez vn de fes A-
mis dans le voifinage de
Champigni, d'où il luy ef-
crivit avec toute la rage
que pouvoit caufer vn fi
eftrange procedé : mais
neantmoins avec tout le
refpect qui eftoit deu à fa
qualité : & par fa lettre il
luy difoit vn eternel adieu.

La Princesse commença à
se repentir d'avoir si peu
menagé vn homme sur qui
elle avoit tant de pouvoir;
& ne pouvant se resoudre
à le perdre, non seulement
à cause de l'amitié qu'elle
avoit pour luy, mais aussi
par l'interest de só amour,
pour lequel il luy estoit
tout à fait necessaire, elle luy
manda qu'elle vouloit ab-
solument luy parler enco-
re vne fois, & apres cela
qu'elle le laissoit libre de
faire ce qu'il luy plairoit.
L'on est bien foible quád
on est amoureux. Le Com-
te revint, & en moins

d'vne heure la beauté de
la Princesse de Monpen-
sier, son esprit, & quel-
ques paroles obligeantes
le rendirent plus soumis
qu'il n'avoit jamais esté:
& il luy donna mesme des
lettres du Duc de Guise,
qu'il venoit de recevoir.
Pendant ce temps, l'envie
qu'on eut à la Cour d'y faire venir les Chefs du Parti Huguenot, pour cét
horrible dessein qu'on exe-
cuta le jour de la S. Barthe-
lemi, fît que le Roy,
pour les mieux tromper,
esloigna de luy tous les

Princes de la Maiſon de
Bourbon, & tous ceux de
la Maiſon de Guiſe. Le
Prince de Monpenſier
s'en retourna à Champi-
gni, pour achever d'acca-
bler la Princeſſe ſa Femme
par ſa preſence. Le Duc de
Guiſe s'en alla à la campagne, chez le Cardinal de
Lorraine ſon Oncle. L'a-
mour & l'oiſiveté mirent
dans ſon eſprit vn ſi violent deſir de voirla Princeſſe de Monpenſier, que
ſans conſiderèr ce qu'il
hazardoit pour elle, & 
pour luy, il feignit vn

voiage , & laiſſant tout ſon
train dans vne petite Ville,
il prit avec luy ce ſeul Gentilhomme qui avoit déja
fait pluſieurs voiages à
Champigni, & il s'y en alla en poſte. Comme il n'a-
voit point d'autre adreſſe
que celle du Comte de
Chabanes, il luy fît eſcrire vn billet par ce meſme
Gentilhomme, par lequel
ce Gentilhomme le prioit
de le venir trouver en vn
lieu qu'il luy marquoit. Le
Comte  de  Chabanes
croyant que c'eſtoit ſeulement pour recevoir des

lettres du Duc de Guise,
l'alla trouver : mais il fut
extrémément surpris quãd
il vit le Duc de Guise ; & il
n'en fut pas moins affligé.
Ce Duc, occupé de son
dessein, ne prit non plus
garde à l'embarras du Cô-
te, que là Princesse de
Monpensier avoit fait à
son silence, lors qu'elle
luy avoit conté son amour.
Il se mit à luy exagerer sa
passion, & à luy faire comprendre qu'il mourroit infailliblement, s'il ne luy
faisoit obtenir de la Princesse la permission de la

voir. Le Comte de Cha-
banes luy répondit froidement qu'il diroit à cette
Princeſſe tout ce qu'il ſou-
haittoit qu'il luy diſt , &
qu'il viendroit luy en rendre réponſe. Il s'en re-
tourna à Chápigni, com-
batu de ſes propres ſentimens, mais avec vne vio-
lence qui luy oſtoit quelquefois toute ſorte de có-
noiſſance. Souvent il prenoit reſolution de ren-
voier le Duc de Guiſe ſans
le dire à la Princeſſe de
Monpenſier : mais la fidelité exacte qu'il luy avoit

promise, changeoit aussi-
tost sa resolution. Il arriva
auprés d'elle sans savoir ce
qu'il devoit faire ; & apprenant que le Prince de
Monpensier estoit à la
chasse, il alla droit à l'appartement de la Princesse,
qui le voiant troublé, fit
retirer aussitost ses Femmes pour savoir le sujet de
ce trouble. Il luy dît, en
se moderant le plus qu'il
luy fut possible, que le
Duc de Guise estoit à vne
lieuë de Champigni, &
qu'il souhaittoit passioné-
ment de la voir. La Prin-

ceſſe fit vn grand cri à cette nouvelle, & ſon embarras ne fut guere moindre que celuy du Comte. Son amour luy preſenta d'abord la joïe qu'elle auroit de voir vn homme qu'elle aimoit ſi tendrement. Mais quand elle penſa combien cette action eſtoit contraire à ſa vertu, & qu'elle ne pouvoit voir ſon Amant qu'en le faiſant entrer la nuit chez elle à l'inſeu de ſon Mari, elle ſe trouva dans vne extrémité épouvantable. Le Comte de Chaba-

nes attendoit fa réponfe
comme vne chofe qui al-
loit decider de fa vie ou de
fa mort. Iugeant de l'in-
certitude de la Princeffe
par fon filence , il prît la
parole, pour luy reprefenter tous les perils où elle
s'expoferoit par cette en-
treveuë. Et voulant luy
faire voir qu'il ne luy tenoit pas ce difcours
pour fes interefts , il luy
dît : Si apres tout ce que je
viens de vous reprefenter,
Madame , voftre paffion
eft la plus forte , & que
vous defiriez voir le Duc

de Guise, que ma considera-
ratió ne vous en empesche
point, si celle de vostre
interest ne le fait pas. Ie
ne veux point priver d'vne
si grande satisfaction vne
personne que j'adore, ni
estre cause qu'elle cher-
che des personnes moins
fidelles que moy pour se
la procurer. Oüy, Mada-
me, si vous le voulez, j'i-
ray querir le Duc de Guise
dés ce soir, car il est trop
perilleux de le laisser plus
long temps où il est, & je
l'ammeneray dans vostre
appartement. Mais par où

& comment, interrompit
la Princesse. Ha ! Mada-
me s'écria le Côte, c'en est
fait, puis que vous ne deli-
berez plus que sur les
moyens. Il viendra, Mada-
me, ce bien-heureux A-
mant. Ie l'ammeneray par
le Parc: donnez ordre seulement à celle de vos
Femmes à qui vous vous
fiez le plus, qu'elle baisse,
précisément à minuit, le
petit Pont-Levis qui don-
ne de vostre Anti-cham-
bre dans le Parterre ; & ne
vous inquietez pas du re-
ste. En achevant ces paroles,

les, il fe leva ; & fans attendre d'autre confentement
de la Princeffe de Monpé-
fier, il remonta à cheval,
& vint trouver le Duc de
Guife qui l'attendoit avec
vne impatiance extréme.
La Princeffe de Monpen-
fier demeura fi troublée,
qu'elle fût quelque temps
fans revenir à elle. Son
premier mouvement fut
de faire rapeller le Comte
de Chabanes, pour luy deffendre d'ammener le Duc
de Guife : mais elle n'en
eut pas la force. Elle pen-
fa que fans le reppeller, el-
H

le n'avoit qu'à ne point
faire abaisser le Pont. Elle crût qu'elle continu-
roit dans cette resolution.
Quand l'heure de l'assigna-
tion approcha, elle ne pût
resister davantage à l'envie de voir vn Amant
qu'elle croioit si digne
d'elle ; & elle instruisit vne
de ses Femmes de tout ce
qu'il falloit faire pour in-
troduire le Duc de Guise
dans son appartement.
Cependant & ce Duc & le
Comte de Chabanes ap-
prochoient de Champi-
gni, mais dans vn estat

bien different. Le Duc
abandonnoit ſon ame à la
joïe, & à tout ce que l'eſperance inſpire de plus a-
greable : & le Comte s'a-
bandonnoit à vn deſeſ-
poir, & à vne rage, qui le
pouſſerent mille fois à
donner de ſon épée au travers du corps de ſon Ri-
val. Enfin il arriverent au
Parc de Champigni, où
ils laiſſerent leurs chevaux
à l'Eſcuier du Duc de Guiſe ; & paſſant par des breſ-
ches qui eſtoient aux mu-
railles, ils vinrent dans le
Parterre. Le Comte de

Chabanes, au milieu de
ſon deſeſpoir, avoit toû-
jours quelque eſperance
que la raiſon reviendroit
à la Princeſſe de Monpen-
ſier, & ,qu'elle prendroit
enfin la reſolution de ne
point voir le Duc de Gui-
ſe. Quand il vit ce petit
Pont abaiſſé, ce fut alors
qu'il ne pût douter du
contraire : & ce fut auſſi
alors qu'il fut tout preſt à
ſe porter aux dernieres ex-
trémitez. Mais venant à
penſer que s'il faiſoit du
bruit, il ſeroit oüi appa-
ramment du Prince de

Monpenſier , dont l'ap-
partement donnoit ſur le
meſme Parterre ; & que
tout ce deſordre tombe-
roit en ſuite ſur la perſonne qu'il aimoit le plus, ſa
rage ſe calma à l'heure mé-
me ; & il acheva de con-
duire le Duc de Guiſe aux
pieds de ſa Princeſſe. Il ne
pût ſe reſoudre à eſtre te-
moin de leur converſa-
tion, quoy que la Princeſſe luy temoignaſt le ſou-
haitter, & qu'il l'euſt bien
ſouhaitté luy-meſme. Il ſe
retira dans vn petit paſſa-
ge qui eſtoit du coſté de

l'appartement du Prince
de Monpensier , ayant
dans l'esprit les plus tristes
pensées qui ayent jamais
occupé l'esprit d'vn A-
mant. Cependant quel-
que peu de bruit qu'ils
eussent fait en passant sur
le Pont, le Prince de Monpensier, qui par malheur
estoit éveillé dans ce moment , l'entendit , & fit
lever vn de ses Valets de
Chambre , pour voir ce
que c'estoit. Le Vallet de
Chambre mit la teste à la
fenestre, & au travers de
l'obscurité de la nuit , il

aperceut que le Pont e-
ftoit abaiffé. Il en avertit
fon Maiftre, qui luy cóma-
da en mefme temps d'aller
dans le Parc voir ce que
fe pouvoit eftre. Vn mo-
ment apres il fe leva luy-
mefme, eftant inquieté
de ce qu'il luy fembloit
avoir oüi marcher quel-
qu'vn, & il s'en vint droit
à l'appartement de la Princeffe fa Femme, qui ref-
pondoit fur le Pont. Dans
le moment qu'il appro-
choit de ce petit paffage,
où eftoit le Comte de
Chabanes, la Princeffe de

Monpenſier qui avoit
quelque honte de ſe trou-
ver ſeule avec le Duc de
Guiſe, pria pluſieurs fois
le Comte d'entrer dans ſa
chambre. Il s'en excuſa
toûjours ; & comme elle
l'en preſſoit davantage,
poſſedé de rage & de fu-
reur, il luy reſpondit ſi
haut qu'il fût oüi du Prince de Monpenſier ; mais ſi
confuſément que ce Prin-
ce*entendit ſeulement la
voix d'vn homme, ſans di-
ſtinguer celle du Comte.
Vne pareille avanture euſt
donné de l'emportement

à vn esprit & plus tran-
quille, & moins jaloux.
Aussi mit-elle d'abord l'ex-
cez de la rage & de la fureur dans celuy du Prince.
Il heurta aussitost à la porte avec impetuosité, &
criant pour se faire ouvrir,
il donna la plus cruelle
surprise du monde à la
Princesse, au Duc de Gui-
se, & au Comte de Chaba-
nes. Le dernier entendant
la voix du Prince comprit
d'abord qu'il estoit impos-
sible de l'empescher de
croire qu'il n'y eust quel-
qu'vn dans la chambre de

la Princeſſe ſa Femme : &
la grandeur de ſa paſſion
luy monſtrant en ce mo-
ment, que s'il y trouvoit
le Duc de Guiſe, Madame
de Monpenſier auroit la
douleur de le voir tuer à
ſes yeux, & que la vie meſme de cette Princeſſe ne
ſeroit pas en ſeureté, il ſe
reſolut par vne generoſité
ſans exemple, de s'expo-
ſer pour ſauver vne Mai-
ſtreſſe ingrate, & vn Rival
aimé. Pendant que le Prince de Monpenſier donnoit
mille coups à la porte, il
vint au Duc de Guiſe, qui

ne savoit quelle resolu-
tion prendre, & il le mit
entre les mains de cette
Femme de Madame de
Monpensier, qui l'avoit
fait entrer par le Pót, pour
le faire sortir par le mesme
lieu, pendant qu'il s'ex-
poseroit à la fureur du
Prince. A peine le Duc e-
stoit hors l'Antichambre,
que le Prince ayant enfon-
cé la porte du passage, entra dans la chambre com-
me vn homme possedé de
fureur, & qui cherchoit
sur qui la faire éclater.
Mais quand il ne vit que le

Comte de Chabanes , & qu'il le vit immobile, appuié sur la table ; avec vn visage où la tristesse estoit peinte, il demeura immobile luy-mesme : & la surprise de trouver & seul & la nuit dans la chambre de sa Femme l'Homme du monde qu'il aimoit le mieux, le mit hors d'estat de pouvoir parler. La Princesse estoit à demi évanoüie sur des carreaux , & jamais peut-estre la Fortune n'a mis trois personnes en des estats si pitoiables. Enfin le Prince de Mon-

penſier qui ne croioit pas
voir ce qu'il voioit, & qui
vouloit démeſler ce cahos
où il venoit de tomber, a-
dreſſant la parole au Comte, d'vn ton qui faiſoit voir
qu'il avoit encore de l'a-
mitié pour luy, Que vois-
je, luy dît-il ? Eſt-ce vne
illuſion ou vne verité ? Eſt-
il poſſible qu'vn Homme
que j'ay aimé ſi cherement, choiſiſſe ma Femme entre toutes les autres
Femmes, pour la ſeduire ?
Et vous, Madame, dît-il
à la Princeſſe, en ſe tour-
nant de ſon coſté, n'eſtoit-

ce point aſſez de m'oſter
voſtre cœur, & mon hon-
neur, ſans m'oſter le ſeul
Homme qui me pouvoit
conſoler de ces malheurs.
Répondez-moy l'vn ou
l'autre, leur dit-il, & é-
clairciſſez-moy d'vne avá-
ture que je ne puis croire
telle qu'elle me paroiſt.
La Princeſſe n'eſtoit pas
capable de répondre, & le
Comte de Chabanes ou-
vrit pluſieurs fois la bou-
che ſans pouvoir parler.
Ie ſuis criminel à voſtre é-
gard, luy dit-il enfin, &
indigne de l'amitié que

vous avez euë pour moy : mais ce n'eſt pas de la ma- niere que vous pouvez vous l'imaginer. Ie ſuis plus malheureux que vous, & plus deſeſperé. Iene ſau- rois vous en dire davanta- ge. Ma mort vous vange- ra, & ſi vous voulez me la donner tout à l'heure, vous me donnerez la ſeule choſe qui peut m'eſtre a- greable. Ces paroles pro- noncées avec vne douleur mortelle, & avec vn air qui marquoit ſon innocence, au lieu d'éclaircir le Prin- ce de Monpenſier, luy perſuadoient de plus en plus qu'il y avoit quelque miſtere dans cette avanture qu'il ne pouvoit deviner : & ſon deſeſpoir s'augmentant par cette incertitude , Oſtez-moy la vie vous-meſme , luy dit-il, ou donnez-moy l'éclairciſſement de vos paroles : Ie n'y comprens rien. Vous devez cet éclairciſſement à mon amitié. Vous le devez à ma moderation ; car tout autre que moy auroit déja vangé ſur voſtre vie vn affront ſi ſenſible. Les apparances ſont bien fauſ-ſes,

ſes, interrompit le Com-
te. Ah c'eſt trop, replica
le Prince : il faut que je me
vange, & puis je m'éclair-
ciray à loiſir. En diſant
ces paroles, il s'approcha
du Comte de Chabanes
avec l'action d'vn hom-
me emporté de rage. La
Princeſſe craignant quel-
que malheur ( ce qui ne
pouvoit pourtant pas arri-
ver, ſon Mari n'ayant point
d'eſpée ) ſe leva pour ſe
mettre entre-deux. La foibleſſe où elle eſtoit, la fît
ſuccomber à cet effort ; &
comme elle approchoit

de son Mari, elle tomba
évanoüie à ses pieds. Le
Prince fut encore plus
touché de cet évanoüisse-
ment, qu'il n'avoit esté de
la tranquillité où il avoit
trouvé le Comte, lors qu'il
s'estoit approché de luy;
& ne pouvant plus souste-
nir la veuë de deux personnes qui luy donnoient des
mouvemens si tristes, il
tourna la teste de l'autre
costé, & se laissa tomber
sur le lit de sa Femme, accablé d'vne douleur in-
croiable. Le Comte de
Chabanes penetré de re-

pentir d'avoir abuſé d'vne
amitié dont il recevoit tât
de marques , & ne trou-
vant pas qu'il puſt jamais
reparer ce qu'il venoit de
faire , ſortit bruſquement
de la chambre ; & paſſant
par l'appartement du Prince , dont il trouva les por-
tes ouvertes , il deſcendit
dans la Cour. Il ſe fît donner des chevaux , & s'en
alla dans la campagne ,
guidé par ſon ſeul deſeſ-
poir. Cependant le Prin-
ce de Monpenſier qui
voioit que la Princeſſe ne
revenoit point de ſon éva-

noüissement, la laissa entre les mains de ses Femmes, & se retira dans sa chambre avec vne douleur mortelle. Le Duc de Guise qui estoit sorti heureusement dū Parc, sans savoir quasi ce qu'il faisoit, tant il estoit troublé, s'éloigna de Champigni de quelques lieuës : mais il ne put s'éloigner davantage, sans savoir des nouvelles de la Princesse. Il s'arresta dans vne forest, & envoia son Escuier pour apprendre du Comte de Chabanes ce qui estoit ar-

rivé de cette terrible avanture. L'Eſcuier ne trouva
point le Comte de Chaba_
nes, mais il apprit d'autres
perſonnes que la Princeſſe
de Monpenſier eſtoit ex-
traordinairement malade.
L'inquietude du Duc de
Guiſe fut augmentée par
ce que luy dît ſon Eſcuier:
& ſans la pouvoir ſoula_
ger, il fut contraint de
s'en retourner trouver ſes
Oncles, pour ne pas don-
ner de ſoupçon par vn
plus long voiage. L'Eſ-
cuier du Duc de Guiſe luy
avoit raporté la verité, en

luy difant que Madame
de Monpenfier eftoit ex-
trémement malade ; car il
eftoit vray que fitoft que
fes Femmes l'eurent mife
dans fon lit, la fievre luy
prit fi violemment , & a-
vec des réveries fi horri-
bles , que dés le fecond
jour l'on craignit pour fa
vie. Le Prince feignit d'e-
ftre malade , afin qu'on ne
s'eftónaft de ce qu'il n'en-
troit pas dans la chambre
de fa Femme. L'ordre qu'il
receut de s'en retournera
la Cour , où l'on rappel-
loit tous les Princes Ca-

tholiques pour extermi-
ner les Huguenots, le tira
de l'embarras où il estoit.
Il s'en alla à Paris, ne sa-
chant ce qu'il avoit à esperer ou à craindre du mal
de la Princesse sa Femme.
Il n'y fut pas sitost arrivé,
qu'on commença d'atta-
quer les Huguenots en la
personne d'vn de leurs
Chefs, l'Amiral de Cha-
stillon : & deux jours a-
pres l'on fit cet horrible
massacre, si renommé par
toute l'Europe. Le pau-
vre Comte de Chabanes,
qui s'estoit venu cacher

dans l'extrémité de l'vn
des Faux-bourgs de Paris,
pour s'abandonner entie-
rement à sa douleur, fut
enveloppé dans la ruine
des Huguenots. Les per-
sonnes chez qui il s'estoit
retiré l'ayant reconnu, &
s'estant souvenuës qu'on
l'avoit soupçonné d'estre
de ce Parti, le massacre-
rent cette mesme nuit qui
fut si funeste à tant de
gens. Le matin le Prince
de Mópensier allant don-
ner quelques ordres hors
la Ville, passa dans la ruë
où estoit le corps de Cha-

banes. Il fut d'abord saisi
d'étonnement à ce pitoia-
ble spectacle : en suite son
amitié se réveillant, elle
luy donna de la douleur :
mais le souvenir de l'offen-
se qu'il croioit avoir re-
ceuë du Comte, luy don-
na enfin de la joïe : & il fut
bien aise de se voir vangé
par les mains de la Fortune. Le Duc de Guise oc-
cupé du desir de vanger
la mort de son Pere, &
peu apres rempli de la joïe
de l'avoir vangée, laissa
peu à peu éloigner de son
ame le soin d'apprendre

des nouvelles de la Princesse de Monpensier ; & trouvant la Marquise de Noirmoustier, personne de beaucoup d'esprit & de beauté, & qui donnoit plus d'esperance que cette Princesse, il s'y attacha entiérement , & l'aima avec vne passion demesurée , & qui luy dura jusques à la mort. Cependant apres que le mal de Madame de Monpensier fut venu au dernier point , il commença à diminuer. La raison luy revint, & se trouvant vn peu soulagée par l'abſence du Prince ſon Mari, elle donna quelque eſperance de ſa viē. Sa ſanté revenoit pourtant avec grande peine, par le mauvais eſtat de ſon eſprit: & ſon eſprit fut travaillé de nouveau, quand elle ſe ſouvint qu'elle n'avoit eu aucune nouvelle du Duc de Guiſe pendant toute ſa maladie. Elle s'enquit de ſes Femmes, ſi elles n'avoient veu perſonne, ſi elles n'avoient point de lettres; & ne trouvant rien de ce qu'elle euſt ſouhaitté, elle ſe

trouva la plus malheureu-
ſe du monde, d'avoir tout
hazardé pour vn homme
qui l'abandonnoit. Ce luy
fut encore vn nouvel ac-
cablement d'apprendre la
mort du Comte de Cha-
banes, qu'elle ſeut bien-
toſt par les ſoins du Prince
ſon Mari. L'ingratitude
du Duc de Guiſe luy fît
ſentir plus vivement la
perte d'vn homme dont
elle connoiſſoit ſi bien la
fidelité. Tant de deplai-
ſirs ſi preſſans la remirent
bientoſt dans vn eſtat auſſi
dangereux que celuy dont

elle eftoit fortie. Et comme Madame de Noirmou-
ftier eftoit vne perfonne
qui prenoit autant de foin
de faire éclater fes galan-
teries, que les autres en
prennent de les cacher,
celles de Monfieur de
Guife & d'elle eftoient fi
publiques, que toute éloignée & toute malade
qu'eftoit la Princeffe de
Monpenfier, elle les ap-
prit de tant de coftez,
qu'elle n'en pût douter.
Ce fut le coup mortel pour
fa vie. Elle ne put refifter
à la douleur d'avoir perdu

l'eſtime de ſon Mari , le
cœur de ſon Amant, & le
plus parfait Ami qui fut
jamais. Elle mourut en
peu de jours , dans la fleur
de ſon âge, vne des plus
belles Princeſſes du mon-
de , & qui auroit eſté ſans
doute la plus heureuſe, ſi
la vertu & la prudence euſ-
ſent conduit toutes ſes
actions.

# F I N.